AF217753

Anja Schäfer

Nachhaltiger leben

99
kleine Ideen,
mit denen wir
viel bewirken

SCM

Stiftung Christliche Medien

SCM ist ein Imprint der SCM Verlagsgruppe, die zur Stiftung Christliche Medien gehört, einer gemeinnützigen Stiftung, die sich für die Förderung und Verbreitung christlicher Bücher, Zeitschriften, Filme und Musik einsetzt.

© 2024 SCM Verlag in der SCM Verlagsgruppe GmbH
Max-Eyth-Straße 41 · 71088 Holzgerlingen
Internet: www.scm-verlag.de; E-Mail: info@scm-verlag.de

Gesamtgestaltung: Franka Röhm, www.frankadesign.studio
Bildnachweis: unsplash.com/ Alejo Reinoso, Alexandra Nosova, Alistair Macrobert, Maurits Bausenhart, Luca J, Liana S, Xuan Nguyen, Tom Jur, Annie Spratt, Michiel Annaert, Dmitry Vechorko, Qusai Akoud, Taneli Lahtinen, Pascal Muller, Gina Jie Sam, Yukon Haughton, Micheile Henderson, Taryn Manning, Anya Bell, Tom Barrett, Volodymyr Proskurovskyi, Paul Talbot, Rosalie Barley, Anita Austvika; pexels.com/ Andiravsanjani, Anete Lusina, Cottonbro, Ganajp, Jakubzerdzicki, Kylarose, Markusspiske, Ron Lach
Illustrationen: freepik.com/ freepik, katemangostar, kjpargeter, montypeter
Druck und Verarbeitung: FINIDR, s.r.o.
Gedruckt in Tschechien
ISBN 978-3-7893-9918-3
Bestell-Nr. 629.918

Grünere Städte, weniger Verkehrslärm, blühende Pflanzen und Platz für Kinder und Erwachsene – vielleicht machen wir uns zu selten bewusst, dass eine auf Nachhaltigkeit angelegte Welt viel schöner wäre. Möglich, dass wir auch leichter erkennen, was wir dazu beitragen können, wenn wir uns diese Welt öfter vor Augen malen.

Wenn wir an die Klimakrise denken, empfinden wir oft Ohnmacht. Das Kleine, das uns möglich ist, konkret zu tun, stärkt dagegen Zuversicht und Tatendrang. Auf globaler Ebene ist unser Lebensraum bedroht. Taten und Eile sind geboten und Politik und Wirtschaft sind gefragt. Aber schon in unserer Küche, auf unserem Balkon, in Beruf, Kirche oder Verein haben wir winzige und größere Hebel, um unseren wunderschönen Planeten für uns, unsere Mitgeschöpfe und kommende Generationen lebenswert zu erhalten.

Manchmal brauchen wir nur eine Idee für unseren persönlichen nächsten Schritt. 99 davon sind in diesem Buch gesammelt. Mögen wir einige davon mutig, fröhlich, voller Hoffnung und Liebe zur Schöpfung und zum Schöpfer umsetzen!

Anja Schäfer

1
ÖKO-BINGO

Diese neun Ideen gehören zu denen, die sich am
allerleichtesten umsetzen lassen.
Kreuz doch mal alle an, die du schon erledigst.

EINKAUFSBEUTEL NUTZEN	LEITUNGSWASSER TRINKEN	ECOSIA ALS SUCHMASCHINE NUTZEN
WASSER AUS BEIM ZÄHNEPUTZEN	ÖKOSTROM- ANBIETER	MÜLL TRENNEN
FAHRRAD FAHREN	SELTENER ODER KÜRZER DUSCHEN	LICHT AUS BEIM ZIMMER VERLASSEN

Warum Leitungswasser so nachhaltig ist? Weil es direkt in die Wohnung fließt. Das bedeutet einen niedrigen Energieaufwand, null Verpackungsmüll und die CO_2-Emissionen für den Transport fallen auch weg. Laut Verbraucherzentrale ist die Klimabelastung durch Mineralwasser, das in Einwegflaschen abgefüllt ist, fast 600-mal höher als bei Leitungswasser. Wenn keine Bleileitungen im Haus liegen, kann man es hierzulande bedenkenlos trinken: Es gelten strenge Grenzwerte, die ständig überprüft werden.

2

3

PERSÖNLICHER FUSSABDRUCK

Weltweit wurde erfasst, wie viel Ackerfläche, Wald, Wasser oder andere Landschaften es auf der Erde gibt, die für Nahrung, Sauerstoff und Lebensraum zur Verfügung stehen. Dann wurde berechnet, wie viel Fläche jedem Menschen davon zustünden, sodass die Erde sich immer wieder regenerieren kann. Diese Fläche wird als „Fußabdruck" bezeichnet. Brot für die Welt hat eine Webseite entwickelt, auf der sich der persönliche Fußabdruck berechnen lässt: Wie viel verbrauche ich im Vergleich zu dem, was mir zustünde?

www.fussabdruck.de

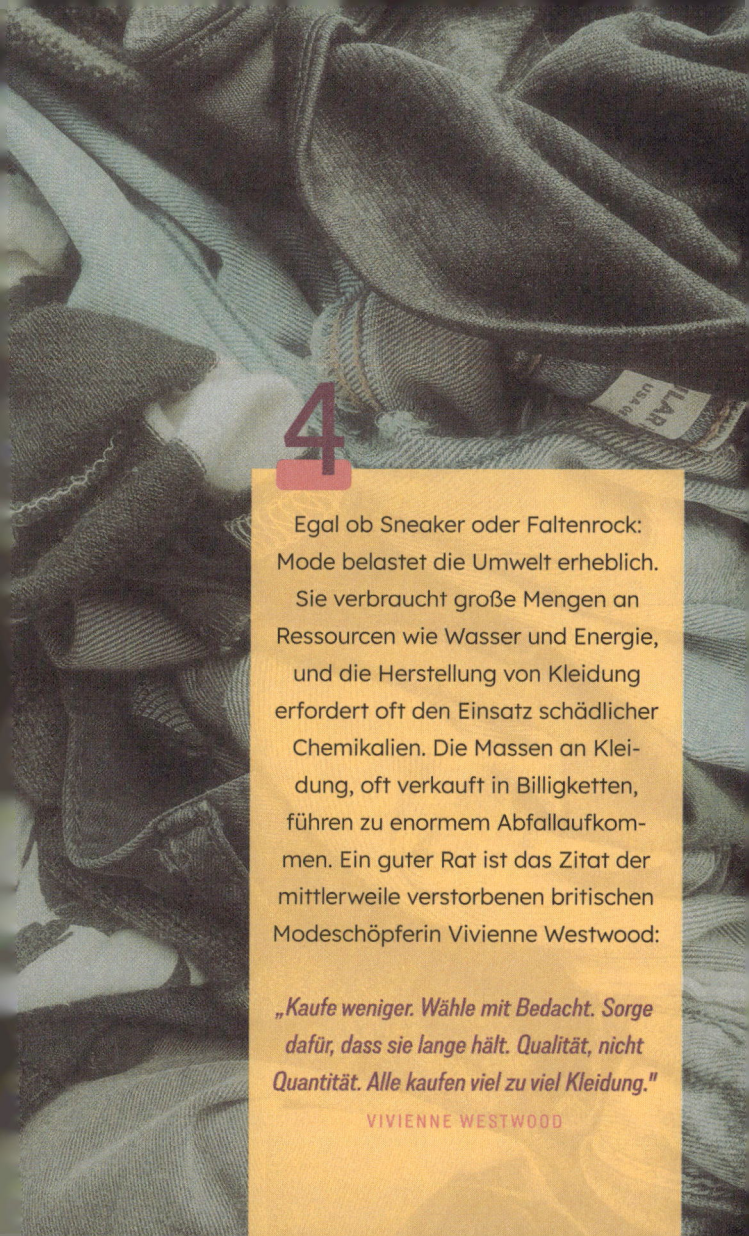

4

Egal ob Sneaker oder Faltenrock: Mode belastet die Umwelt erheblich. Sie verbraucht große Mengen an Ressourcen wie Wasser und Energie, und die Herstellung von Kleidung erfordert oft den Einsatz schädlicher Chemikalien. Die Massen an Kleidung, oft verkauft in Billigketten, führen zu enormem Abfallaufkommen. Ein guter Rat ist das Zitat der mittlerweile verstorbenen britischen Modeschöpferin Vivienne Westwood:

„Kaufe weniger. Wähle mit Bedacht. Sorge dafür, dass sie lange hält. Qualität, nicht Quantität. Alle kaufen viel zu viel Kleidung."

VIVIENNE WESTWOOD

5

Von Flensburg bis Innsbruck würde die LKW-Schlange reichen, wenn man die Altkleider, die hierzulande jedes Jahr anfallen, transportieren wollte. Eine Million Tonnen Jeans, Shirts und Sneaker! Das sind jede Menge Ressourcen, die schlimmstenfalls auf dem Müll landen.

Fünf gute Fragen zum Ausmisten von Kleidung:

› *Kann ich das vielleicht doch noch anziehen?*
› *Kann ich es verkaufen oder an jemanden verschenken?*
› *Will ich es zur einer Kleidertauschparty mitnehmen?*
› *Gibt es eine seriöse Kleiderkammer, die es annimmt?*
› *Soll es wirklich in den Container?*

6

Kleidertausch-Partys sind eine gute Möglichkeit, aussortierte Hosen und Shirts, manchmal auch Schmuck und andere Accessoires vor dem Müll zu retten. Gleichzeitig kann man dort neue Stücke erhalten, ohne Geld auszugeben. Typischerweise lädt jemand Freunde, Familie oder Nachbarn ein, gut erhaltene, ausrangierte Kleidungsstücke mitzubringen und stellt Snacks und Getränke bereit. Dann können alle stöbern und anprobieren, wozu sie Lust haben. Oftmals entsteht dabei eine gemütliche Atmosphäre, in der Tipps zu Styling und Nachhaltigkeit ausgetauscht werden.

7

Verschiedene christliche Initiativen setzen sich für Natur
und Nachhaltigkeit ein und laden ein, sich zu engagieren:

Micha-Initiative – *www.micha-initiative.de*

Eco-Church – *www.ecochurch.ch*

Christians for Future – *www.christians4future.com*

Mein-Regenwald – *www.mein-regenwald.de*

Traurige Europameister sind wir beim Abfall: Rund 20 Millionen Tonnen Verpackungsmüll fallen hierzulande jährlich an. Etwa 240 Kilo pro Kopf. Und es wird nicht besser: Um 26 Prozent ist die Menge seit 2005 gestiegen.

Fünf gute Ideen, um Müll zu vermeiden:

› *So viel wie möglich in Pfandflaschen und -gläsern kaufen*
› *Wasserflaschen und Kaffeebecher für unterwegs selbst befüllen*
› *Obst und Gemüse unverpackt kaufen (oder selbst anbauen …)*
› *Lose Seife verwenden oder Duschgel in Nachfüllstationen auffüllen*
› *Kleidung, Möbel und andere Gebrauchsgüter lange nutzen und reparieren*

9

Je besser Müll getrennt wird, desto besser kann er recycelt werden:

› Leere Becher und Flaschen müssen geleert, aber nicht ausgewaschen werden
› Verpackungen nicht ineinander stapeln, sondern einzeln in Tonne oder Sack werfen
› Deckel von Joghurtbechern, Tuben oder Plastikflaschen entfernen und einzeln entsorgen
› Folien von Plastikverpackungen abtrennen, ebenso Pappbanderolen

10

Uroma und Uropa wussten noch, was sich alles weiterverwenden lässt:

› *Margarine- und Speiseeispackungen für Krimskrams*
› *Plastiktüten vom Brot als kleine Müllbeutel*
› *alte Kalenderblätter als Geschenkpapier*
› *Schraubgläser zum Einkochen von Marmelade oder Tomatensoße*
› *ausgediente Shirts als Putzlappen*
› *leere Konservendosen oder Kübel als Pflanzgefäße …*

11

Eine Bohrmaschine kommt erstaunlich selten zum Einsatz. In vielen Haushalten liegt sie an 363 Tagen im Jahr im Schrank. Ideal, um sie mit Nachbarn zu teilen!

Andere Gegenstände, die sich bestens gemeinsam nutzen lassen:

› *Eismaschine, Entsafter, Waffeleisen*
› *Pavillon*
› *Lastenfahrrad*
› *Anhänger*
› *Heckenschere, Gartenhäcksler*
› *Schubkarre, Rasenmäher*
› *Säge, Schleifmaschine, Bohrhammer*
› *Gesellschaftsspiele, Puzzle*
› *Campingausrüstung*

12 Seit vielen Jahren erfreuen sich Insektenhotels großer Beliebtheit. Leider achten Hersteller oft zu wenig darauf, ob sie wirklich die Ansprüche von Insekten erfüllen. Viele Insektenhotels werden daher von den Sechsbeinern links liegen gelassen. Deshalb vorher informieren, was Insekten wirklich brauchen.

Darauf achten, dass die Eingänge nicht im Schatten liegen. Die Gänge müssen lang genug und nicht verstopft und die Öffnungen müssen breit genug sein. Blühpflanzen sollten als Insektenfutter in erreichbarer Nähe vorkommen.

Günstigere Alternativen: Wilde Ecken im Garten mit Laub, Reisig oder Steinen als Unterschlupf. Stapel aus Totholz wie alte Baumstämme, Zweige oder dicke Äste.

13

Beliebte Sommerblumen wie Geranien und Petunien sind für Insekten leider ziemlich nutzlos, weil sie kein Futter bieten. Wer Bienen, Hummeln & Co. auf Balkon oder Terrasse den Tisch decken möchte, wählt zum Beispiel Ehrenpreis, Storchschnabel, Lavendel, Malve, Verbene oder Löwenmäulchen. Insekten mögen auch Beikräuter wie Löwenzahn, Brennnessel, Klee und Gänseblümchen gern.

14

Es gibt in Deutschland 16 Nationalparks.

› *Wie viele könntest du aufzählen?*
› *Könntest du sagen, wo der Nationalpark Hainich liegt?*
› *Wusstest du, dass drei Nationalparks im Wattenmeer liegen?*
› *Welche liegen in deiner Nähe? Vielleicht könnten sie ein schönes Ausflugsziel sein, um Zeit in Gottes Schöpfung zu verbringen und über sie zu staunen?*

15

Die industrielle Landwirtschaft setzt auf wenige ertragreiche Obst- und Gemüsesorten, weil sie oft einfacher in großen Mengen zu produzieren, zu transportieren und zu lagern sind. Sie werden den Anforderungen der Lebensmittelindustrie an gleichmäßige Größe, Form und Haltbarkeit meist besser gerecht. Doch alte Obst- und Gemüsesorten gewinnen zunehmend an Bedeutung. Nicht nur bieten sie eine breitere Palette an Aromen, sie tragen auch zur Bewahrung der genetischen Vielfalt bei, sind oft besser an lokale Bedingungen angepasst und können widerstandsfähiger gegen Krankheiten und Schädlinge sein. Jungpflanzen alter Tomaten- und Apfelsorten werden zum Beispiel in vielen Gärtnereien angeboten.

16

Auf der Plattform nebenan.de vernetzen sich Nachbarschaften zu allen möglichen Themen. Auch die Nachhaltigkeit profitiert häufig: Vieles wird hier verschenkt, verliehen oder getauscht. Es entstehen Projekte rund um Urban Gardening, Imkern oder Solarenergie. Mitglieder organisieren Fahrgemeinschaften, teilen sich Elektroautos oder setzen sich für den Ausbau von Fahrradwegen in der Nachbarschaft ein.

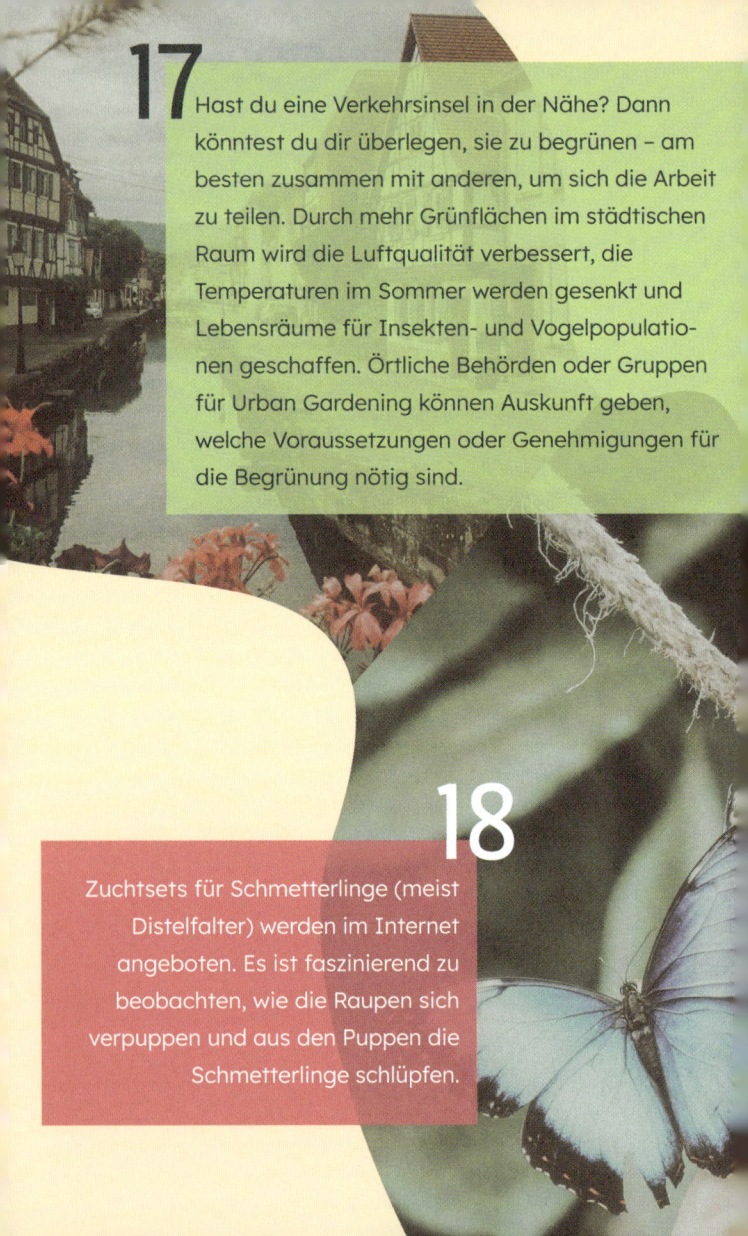

17

Hast du eine Verkehrsinsel in der Nähe? Dann könntest du dir überlegen, sie zu begrünen – am besten zusammen mit anderen, um sich die Arbeit zu teilen. Durch mehr Grünflächen im städtischen Raum wird die Luftqualität verbessert, die Temperaturen im Sommer werden gesenkt und Lebensräume für Insekten- und Vogelpopulationen geschaffen. Örtliche Behörden oder Gruppen für Urban Gardening können Auskunft geben, welche Voraussetzungen oder Genehmigungen für die Begrünung nötig sind.

18

Zuchtsets für Schmetterlinge (meist Distelfalter) werden im Internet angeboten. Es ist faszinierend zu beobachten, wie die Raupen sich verpuppen und aus den Puppen die Schmetterlinge schlüpfen.

19

Gott in der Schöpfung zu begegnen, kann
unsere Wertschätzung für sein Werk
stärken und uns ermutigen, sie zu
schützen und zu bewahren.

› *Setze dich an ein Flussufer, beobachte das
ruhige Fließen des Wassers und denke nach
über das Wasser als Symbol für Gottes
lebendiges Wirken und seine erneuernde Kraft.*
› *Betrachte den Sternenhimmel und sinne nach
über Psalm 19,2.*
› *Lausche dem Gesang von Vögeln, dem
Rauschen von Wellen oder betrachte vorüber-
ziehende Wolken und preise Gott für seine
Schöpferkraft, seine Großzügigkeit und Treue.*

20

Palmöl ist problematisch, weil für Ölpalmen artenreiche Regenwälder abgeholzt und in Monokulturen verwandelt werden. Vor allem verarbeitete Lebensmittel, aber auch Waschmittel, Kosmetik- und Hygieneprodukte enthalten Palmöl.
Ölpalmen sind so ertragreich, dass ihr Öl günstig geerntet werden kann. Es einfach durch anderes Öl zu ersetzen, ist leider keine Lösung, denn die meisten alternativen Sorten sind weniger ertragreich, bräuchten daher mehr Fläche und wären genauso umweltschädlich.

Diese drei Tipps helfen:

› *Möglichst viel selbst kochen und backen, denn Palmöl steckt in Fertigprodukten und Fast Food*
› *Beim Einkauf auf Siegel achten, die für nachhaltig angebautes Palmöl stehen – Aktivisten und Aktivistinnen haben hier schon viele Verbesserungen erreicht*
› *Petitionen, Firmen und Kampagnen unterstützen, die sich für eine nachhaltigere Palmölproduktion einsetzen*

Geschenkpapier? Das geht nachhaltiger!

› *Große Zeitungspapierbögen mit Kartoffeldruck verschönern*
› *Naturfarbene Leinensäcke mit Stofffarben bemalen und immer wieder verwenden*
› *Alte Hals- oder andere Tücher nutzen und unter dem Stichwort „Furoshiki" nach Knotentechniken suchen (siehe unten)*
› *Braunes Kraftpapier aus Online-Bestellungen mit Zapfen, Zweigen oder Blümchen dekorieren*
› *Kleine Geschenke passen oft in Metalldosen, Gläser oder Verpackungen, die sonst im Müll gelandet wären – mit Bändern und Schleifen dekoriert, machen sie noch mehr her*
› *Zerlesene Landkarten, Zeitschriftenseiten oder Kalenderblätter können ein Blickfang sein*

Furoshiki ist eine traditionelle japanische Kunst des Stoffwickelns, bei der quadratische Tücher aus Stoff verwendet werden, um Gegenstände zu verpacken, zu transportieren oder zu präsentieren. Furoshiki-Tücher können aus verschiedenen Materialien wie Baumwolle, Seide oder Leinen bestehen.

22

Viele Welt- und Gedenktage sind eine gute Hilfe, sich in Erinnerung zu rufen, wie sehr wir auf unseren Lebensraum angewiesen sind und welche Schritte wir für seinen Schutz noch unternehmen wollen:

26.01. Welttag der Umweltbildung

03.03. UN-Welttag des Artenschutzes

18.03. Global Recycling Day

21.03. Internationaler Tag des Waldes

22.03. UN-Weltwassertag

02.04. UNESCO Welttag der Feuchtgebiete

25.04. Bundesweiter Tag des Baumes

22.05. UN-Welttag der biologischen Vielfalt

03.06. Europäischer Tag des Fahrrads

04.10. Welttag des Tierschutzes

05.12. Welttag der Böden

23

Auch wenn das Mindesthaltbarkeits- datum abgelaufen ist, können viele Lebensmittel noch verzehrt werden. Schließlich heißt es Mindesthaltbarkeitsdatum und nicht Totumfalldatum.
Wer genau hinschaut, schnuppert und probiert, findet meist heraus, ob sich ein Produkt noch guten Gewissens genießen lässt. Bei Fisch, Fleisch, Nüssen und Gewürzen besonders kritisch sein.

24

Ob Blaubeeren, Birnen oder Bananen –
die meisten von uns lieben Obst. Nicht
nur die Vielfalt ist groß, es ist auch
unterschiedlich klimafreundlich: Im März
braucht's mehrere Hundert Liter Wasser,
damit ein Kilo Erdbeeren in Spanien
geerntet werden kann, wo Wasser
ohnehin knapp ist. Nachhaltig ist das
leider nicht. Deshalb lieber in der Saison
heimische Früchte kaufen – und wer mag:
einkochen oder einwecken für die Zeit, in
der bei uns wenig wächst. In der Apfel-,
Kirschen- und Pflaumenzeit brauchen wir
vielleicht nicht auch noch Ananas,
Papaya und Mango. Die exotischen Stars
lieber als besondere Delikatessen
betrachten.

IST BIO
BESSER?

Unterm Strich ja! Weil im ökologischen Landbau auf Pestizide und Stickstoffdünger verzichtet wird, schont er Böden, Luft und Gewässer. Zum Düngen wird auf natürliche Nährstoffe gesetzt wie etwa Kompost oder das Anpflanzen von Leguminosen, an deren Wurzeln sich Bakterien anreichern, die Stickstoff aus der Luft sammeln und im Boden binden. Statt auf chemischen Pflanzenschutz setzen Bio-Landwirte beispielsweise auf günstige Pflanzenkombinationen oder Nützlinge.

25

26

Fahrradfahren ist nicht nur eine klimafreundliche Alternative zum Auto, sondern zählt auch zu den gesündesten Sportarten. Als Rundum-Workout trainiert es Rücken-, Bein-, Arm-, Bauch- und Gesäßmuskulatur. Gelenke werden geschont, weil das Gewicht auf den Sattel verlagert ist. Das Herz-Kreislauf-System und die Ausdauer werden gestärkt.

27

Wer die Möglichkeit hat, ein Carport- oder Hausdach zu begrünen oder eine Mauer und Wand bewachsen zu lassen, schafft Lebensraum für Insekten und trägt dazu bei, im Sommer die Umgebung zu kühlen.

28

Ein paar Öko-Irrtümer geistern durch unsere Köpfe und erschweren unser Handeln. Es kann nicht schaden, sie einmal genauer zu betrachten.

Öko-Irrtum #1
Nachhaltig leben ist teuer

Nein. Die effizientesten Hebel für Arten- und Klimaschutz sind sogar günstiger: Nicht fliegen. Mehr Zug und Fahrrad statt Auto fahren. Weniger konsumieren. Mehr pflanzliche und weniger tierische Lebensmittel essen. Leitungswasser trinken. Und übrigens: Fast alles ist auch gesünder …

29

Öko-Irrtum #2
Nur wer perfekt lebt, macht es richtig.

Lieber Millionen Menschen, die manches gut und richtig machen, als eine Handvoll perfekte Umwelt-Aktivisten. Oft hilft es mehr, sich nicht zu viel auf einmal vorzunehmen, sondern ein paar Veränderungen wirklich anzugehen und durchzuhalten.

30

Öko-Irrtum #3
Bambus-Zahnbürsten retten die Welt.

Werbung oder eifrige Zeitgenossen vermitteln manchmal den Eindruck, bestimmte Produkte oder Verhaltensweisen wären entscheidend fürs Klima. Wer mit dem Anspruch rangeht, mit dem persönlichen Verhalten die Welt retten zu wollen, wird aber schnell desillusioniert. Um Klimakrise und Artensterben aufzuhalten, müssen alle zusammen ran: Wirtschaft, Politik, Gesellschaft – und wir.

31

Öko-Irrtum #4
Mein Handeln bewirkt nix.

Erstens: Du bist nicht die einzige Person, die losgeht. Wenn viele dasselbe wollen und in dieselbe Richtung gehen, verändert das auch Politik und Wirtschaft. Zweitens: Unterschätze nicht, wie viele andere dir zugucken. Nicht nur was du selbst tust, bewegt etwas, sondern du bringst auch bei anderen etwas ins Rollen. Drittens: Wenn wir etwas Positives für unsere Erde tun, erinnert uns das immer wieder daran, wie nötig Veränderungen sind und es schafft persönliche Zufriedenheit.

32

Öko-Irrtum #5
Verzicht muss schmerzen.

Zugegeben, oft wird Verzicht auch etwas kosten. So wie alles etwas kostet, das bleibenden Wert hat: Freundschaften pflegen, eine Ehe führen, Kinder erziehen. Warum sollte es bei der Aufgabe, unseren Lebensraum zu erhalten, anders sein? Deshalb ist es schlau, sich klarzumachen, für wie viel Anstrengung die Kraftressourcen reichen. Sonst entsteht innerer Widerstand und Lust und Bereitschaft gehen flöten. Auf der anderen Seite kann der Verzicht für ein nachhaltiges Leben eine Menge zurückgeben: etwa Fitness beim Fahrradfahren, eine tiefere Beziehung zur Schöpfung, Beziehungen durch gemeinsame Aktionen, Entschleunigung durch weniger Konsum und vieles mehr.

Ein Klick – schon ist die Ware bestellt.
Doch warum alles neu kaufen? Vorher
können wir uns fragen, ob Ausleihen
oder Gebrauchtkaufen gangbare
Alternativen sind.

33

Der Weg zum nachhaltigeren Konsum:

NUTZEN,
S DA IST

REPARIEREN,
WO MÖGLICH

LEIHEN

TAUSCHEN

GEBRAUCHT
KAUFEN

SELBER
MACHEN

NEU
KAUFEN

Zu sehen, wie weit oben auf der Reichenskala wir alle in Deutschland stehen, kann helfen, mit dem eigenen Geld entspannter umzugehen: Wenn ich im globalen Vergleich so viel zur Verfügung habe, will ich dann nicht mit fair gehandelten Produkten dafür sorgen, dass Menschen an anderen Enden der Welt angemessen für meinen Genuss bezahlt werden? Wenn ich genug habe, will ich nicht Überschuss dafür einsetzen, dass die Klimaerhitzung begrenzt wird? Wenn ich weltweit gesehen so privilegiert bin, will ich dann nicht meine Stimme nutzen, um politische Veränderungen anzustoßen, die eine gerechtere Verteilung von Ressourcen und Chancen weltweit fördern?

Auf *www.arm-und-reich.de* kannst du dein Einkommen eintragen und sehen, wie weit du an der Spitze stehst.

34

35

Egal, ob wir wenig oder mehr besitzen: Wir alle können unser Geld so anlegen, dass es nicht nur finanziellen Gewinn bringt, sondern auch positive soziale und ökologische Auswirkungen hat. Banken sind da mehr oder weniger engagiert.

Der gemeinnützige Verein Facing Finance untersucht regelmäßig Geldhäuser nach ethischen und nachhaltigen Kriterien und veröffentlicht die Ergebnisse im Fair Finance Guide. Unter den Bestplatzierten landeten in den letzten Jahren oft die GLS Bank, die EthikBank, die KD Bank und die Triodos Bank. Allerdings: Kleinere (kirchliche) Banken werden gar nicht berücksichtigt und können ähnlich fair und nachhaltig sein.

36

Wer sich komplett mit selbstangebautem Gemüse versorgen will, braucht pro Person eine Fläche von 150 Quadratmetern. Wer auch Obst ernten möchte, braucht zusätzlich Flächen für Apfelbaum, Himbeerstrauch & Co. Die Wenigsten haben diesen Platz – oder reißen sich um die Arbeit, die dazugehört.

Schon auf dem Balkon gedeihen aber Tomaten und Kartoffeln. Und Basilikum wächst sogar auf der Fensterbank. Er lässt sich aus Samen ziehen und wer ihn blühen lässt und auf die Samenkapseln wartet, hat sogar Saatgut fürs nächste Jahr.

Eigenanbau spart nicht nur Pestizide und Emissionen für den Transport, sondern stärkt auch den Bezug zu unseren Lebensmitteln.

Geschätzte 700.000 Mikrofasern verlieren synthetische Textilien bei jeder Wäsche. Weil die winzigen Plastikpartikelchen durch die gängigen Filtersystem nicht aufgefangen werden, landen sie am Ende in den Ozeanen, wo Meeresbewohner sie schlucken. In einer Studie wurden in 63 % der Nordseegarnelen synthetische Fasern gefunden, wie das Magazin National Geographic berichtete.

Was die Freisetzung von Mikrofasern zumindest vermindert:

› *Voll beladene Waschmaschinen*
› *Bei 20 oder 30 Grad waschen*
› *Flüssigwaschmittel statt Pulver*
› *Weichspüler verwenden*

Noch besser wäre, Waschmaschinen würden serienmäßig mit Filtern ausgestattet, die Mikrofasern auffangen können.

38

Badezimmer können sehr unterschiedlich aussehen: Während manche minimalistisch anmuten und nur wenige Tuben und Tiegel beherbergen, funkelt in anderen eine solche Fülle bunter Plastiktuben, -flaschen und -döschen, dass man schon eine Weile beschäftigt wäre, würde man sie alle zählen wollen. Manch einer käme ein Jahr über die Runden, wenn er nur die Reste aufbräuchte. Genau das könnte vielleicht eine gute Idee sein ...

39

Für die Körperpflege gibt es mittlerweile eine Menge nachhaltiger Alternativen:

› *Feste Seife*
› *Duschgel zum Abfüllen*
› *Zahnputztabletten, die im Mund zum Putzen aufgeschäumt werden*
› *Stoffpads zum Abschminken*

Nicht alles erweist sich für jeden und jede als wirklich zweckmäßig – aber ausprobieren hilft.

40

Fast jeder von uns hat noch mehr Einflussbereiche als unseren privaten Haushalt – seien es Kirchengemeinde, Kita, Sportverein oder Arbeitsplatz. Welche nachhaltigen Schritte könnten hier angestoßen werden? Fairer Kaffee und Tee für den Kirchenkaffee? Recyclingpapier für den Arbeitsplatz? Ein Hochbeet auf dem Kitagelände?

FLASCHE

Aus Schweden stammt der Begriff „ploggen": Er ist
zusammengesetzt aus den schwedischen Wörtern für
Laufen (jogga) und Aufsammeln (plocka upp). Meist in
Gruppen verabreden sich Menschen zu dieser Kombi aus
Joggingrunde und Müllsammelaktion.

Noch einfacher ist es, zur gemütlichen Spazierrunde den
Müllbeutel mitzunehmen und auf dem Rückweg zu füllen.

Ja, Mücken und Wespen können lästig sein. Seeehr lästig. Aber ob wir es hören wollen oder nicht: Auch sie hat Gott geschaffen. Und das nicht ohne Grund, denn sie erfüllen wichtige Rollen in unserem Ökosystem. Ohne Mücken, Fliegen und Ameisen keine Schokolade. Kein Witz. Nur bestimmte Arten erreichen die schmalen Öffnungen von Kakaoblüten zur Bestäubung. Auch Gemüse-, Nuss- und Ölpflanzen müssen bestäubt werden. Vögel brauchen Insekten als Nahrung. Insekten zersetzen abgestorbene Pflanzenreste und halten damit den Boden fruchtbar. Ohne Insekten würden die Ökosysteme nicht funktionieren. Deshalb lohnt es sich, diesen kleinen Mitgeschöpfen unsere Wertschätzung entgegenzubringen, ihre Lebensräume zu erhalten und ihnen Nahrung zu bieten.

43

Zimmerpflanzen sind nicht nur hübsche Dekorationen, sondern auch wichtige Verbündete im Kampf für den Naturschutz: Viele Arten filtern Schadstoffe aus der Luft und verbessern die Luftqualität in Innenräumen. Sie absorbieren CO_2 und geben Sauerstoff ab. Außerdem erinnern sie uns an die Schönheit, Vielfalt und den Wert der Schöpfung, schließlich sind sie das, was Gott sich für seinen Planeten vorgestellt hatte ...

Tipp: Zu den pflegeleichtesten Zimmerpflanzen zählen Bogenhanf, Einblatt, Aloe Vera und Glücksfeder.

44

Man könnte es einfach „Kleidung flicken" nennen. Aber mit einem trendigen, japanischen Namen macht die Sache doch gleich mehr Spaß: „Sashiko" ist eine japanische Sticktechnik aus dem 17. Jahrhundert, mit der man Kleidung wieder tragbar machte. Das Besondere: Ein Flicken wird nicht nur aufgesetzt, sondern auch noch hübsch verziert. Im Internet gibt es viele passende Anleitungen dafür. So behandelt halten Hose und Bluse noch ein paar Saisons länger durch.

45

Gute Frage

„Brauche ich das wirklich?"

Vielleicht die wichtigste Frage beim nachhaltigen Shoppen.
Manchmal lohnt es sich auch, über die Entscheidung eine Nacht zu schlafen.

46

„Warum will ich das?"

Manchmal brauchen wir etwas nicht wirklich, aber
spüren das Bedürfnis einer Anschaffung. Wenn wir
uns da auf die Schliche kommen, können wir oft
eine tiefere Sehnsucht entdecken: Brauche ich die
neuen Gartenstühle – oder sehne ich mich in
Wirklichkeit nach Zeit mit Freunden, die ich mit
Gartenmöbeln verbinde? Brauche ich die neuen
Schuhe – oder will ich mich mit dem Kauf vor allem
trösten oder belohnen oder ablenken?

47

Bienen, Schmetterlinge und Hummeln ernähren sich von Nektar und brauchen Blüten als Hauptnahrungsquelle. Ein dichtes Netz aus einer Vielfalt heimischer Blütenpflanzen sichert das Überleben verschiedener Arten mit unterschiedlichen Vorlieben und Anforderungen an Nahrung und Lebensraum. Viele Insekten fliegen auch Balkonkästen in höheren Stockwerken an. Genauso eignen sich Hinterhofbeete, begrünte Carportdächer oder Kübel vor Haustüren.

48

Kleiner Tipp zum Wassersparen:
Das kalte Wasser, das anfangs aus
der Dusche kommt, auffangen und
zum Gießen verwenden.

49

Wer Eisfach und Gefrierschrank regelmäßig
abtaut, spart Energie und damit CO_2-Emissionen.

*Tipp: Im Winter bei Minusgraden abtauen, wenn die Ware so
lange auf Balkon oder Terrasse gelagert werden kann.*

50

Pfandbehälter sind eine großartige Idee, für die wir uns in Deutschland beglückwünschen können.

Die Pfandpflicht für Plastikflaschen wurde in den vergangenen Jahren schrittweise immer weiter ausgeweitet.

Wer sich ein wenig umschaut, findet noch weitere Produkte in Pfandbehältern: etwa Joghurt und Tomatensoße in Pfandgläsern oder Wein und Hafermilch in Pfandflaschen.

return.
reuse.
recycle.

CUP

51

To go or not to go?

Schnell einen Kaffee für den Zug, das Brötchen auf die Hand,
den Obstsalat für unterwegs. Superpraktisch. Und leider mit
viel Müll verbunden. Manchmal hilft es schon, ein bisschen
vorzuplanen und Trink- oder Thermosflasche, Becher,
Brotdose und Lunchbeutel einzupacken. Dabei kann es sich
lohnen, in schöne Behälter zu investieren, die man besonders
gerne auspackt ...

52

Gebrauchte Autos sind selbstverständlich. Jetzt ist auch gebrauchte Kleidung im Kommen. Plattformen wie Vinted.de oder Kleinanzeigen.de oder Chatgruppen mit der Nachbarschaft ermöglichen auch einen unkomplizierten Kauf gebrauchter Möbel, Bücher, Campingausrüstung, Spielwaren, Werkzeuge, Musikinstrumente ...

53

Wenn der Feierabend ruft, auch PC, Drucker & Co. eine komplette Auszeit gönnen und vom Netz trennen. Denn technische Geräte verbrauchen meist auch im Stand-by-Zustand Strom. Besonders einfach geht das Stromabschalten mit einer Steckdosenleiste mit Schalter.

54

„Beim Rausgehen bitte Licht löschen"

Nett gestaltete Zettel mit diesem oder ähnlichen Bitten können am Arbeitsplatz oder in der Kirche eine kleine Erinnerung mit großer Wirkung sein.

55

Wenn das nächste Sommerfest ansteht, könnte eine Umweltaktion eine gute Alternative sein: Gemeinsam unter Anleitung ein Biotop anlegen oder Bäume pflanzen, eine Böschung von Müll befreien oder eine Blütenwiese einsäen schweißt zusammen, gibt Gesprächsstoff und schafft gemeinsame Erinnerungen.

56

So kannst du Verlockungen zum
Kaufen meiden:
› *Newsletter von Shops kündigen*
› *Mit dem „Bitte keine Werbung"-Aufkleber*
  alle Prospekte abbestellen
› *Eine Einkaufsliste erstellen und dich*
  daran halten

Mit der App „Too Good To Go" kannst du nach nicht verkauften Waren von Restaurants, Bäckereien, Supermärkten, Tankstellen und anderen Läden suchen. Meist werden sie in Form von Überraschungstüten gegen kleines Geld angeboten und können abends abgeholt werden. Das hilft, Lebensmittel vor dem Müll zu retten.

57

58

Auf der Webseite *www.mundraub.org* tragen Nutzer und Nutzerinnen Obst- und Nussbäume, Beerensträucher und Kräuter ein, die auf öffentlichen Flächen stehen. So lässt sich ganz einfach nachgucken, wo Bärlauch fürs Pesto oder Brombeeren fürs Gelee wachsen. Kleine Mengen für den Eigenbedarf zu pflücken, ist hier erlaubt.

59

Es gibt gute Alternativen zu Google. Die gemeinnützige Suchmaschine Ecosia beispielsweise steckt
ihre Werbeeinnahmen in Aufforstungsprojekte.
Nach eigenen Angaben konnten so schon mehr als
200 Millionen Bäume gepflanzt werden. Die
Suchergebnisse sind in den meisten Fällen so gut
wie anderswo – und sollte man doch mal spezieller
suchen, lassen sich im Menü auch noch andere
Suchmaschinen anwählen.

60

Selbst zu kochen und zu backen, hat aus Gründen der Nachhaltigkeit viele Vorteile: Oft fällt weniger Verpackungsmüll an als bei Fertiggerichten oder Take-Away-Optionen. Es ist leichter, auf regionale, fair gehandelte und saisonale Zutaten zu setzen, die umwelt- und sozialverträglicher sind. Gesünder und günstiger als industriell hergestellte Lebensmittel ist Hausgemachtes meist außerdem.

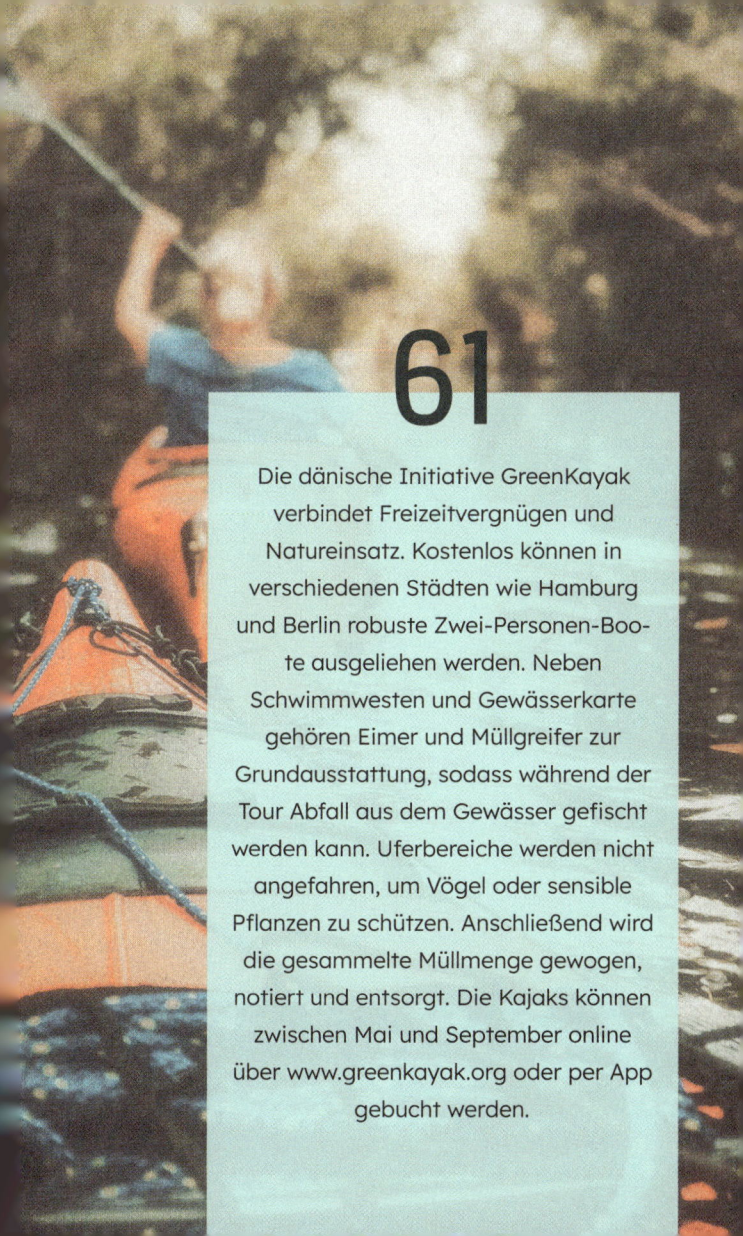

61

Die dänische Initiative GreenKayak verbindet Freizeitvergnügen und Natureinsatz. Kostenlos können in verschiedenen Städten wie Hamburg und Berlin robuste Zwei-Personen-Boote ausgeliehen werden. Neben Schwimmwesten und Gewässerkarte gehören Eimer und Müllgreifer zur Grundausstattung, sodass während der Tour Abfall aus dem Gewässer gefischt werden kann. Uferbereiche werden nicht angefahren, um Vögel oder sensible Pflanzen zu schützen. Anschließend wird die gesammelte Müllmenge gewogen, notiert und entsorgt. Die Kajaks können zwischen Mai und September online über www.greenkayak.org oder per App gebucht werden.

62

Die Auswirkungen des Fischfangs auf die Meeresum-
welt sind verheerend: Große Schleppnetze, die den
Meeresboden zerstören, versehentlicher Beifang von
Delfinen und Meeresschildkröten sowie eine übermä-
ßige Fischereitätigkeit haben zu einem drastischen
Rückgang der Fischbestände geführt. Diese Überfi-
schung stellt neben dem Klimawandel eine der
größten Bedrohungen für die Ozeane dar.
Welche Fische heute noch mit guten Gewissen
gegessen werden können und welche wegen Über-
fischung nicht mehr auf der Speisekarte stehen
sollten, verrät der WWF-Fischratgeber.
Zugänglich über eine kostenlose App oder über den
Webbrowser: *https://fischratgeber.wwf.de*

63

Alpenmilch, Zartbitter oder Marzipan – wir lieben Schokolade. Am besten solche, die umweltschonend und ohne Kinderarbeit produziert wird. Welche Marken nach sozialen und nachhaltigen Maßstäben wie gut dasteht, bewertet die Organisation „Be Slavery Free" mit ihrer Chocolate Scorecard.

Weit oben rangierten zuletzt Tony's Chocolonely und Ritter Sport. Nicht getestet wurden kleinere Anbieter wie GEPA oder Vivani, die ebenfalls sozial und nachhaltig produzieren.

64

Um nachhaltiger zu leben, kann es helfen, mal etwas auszuprobieren. Nimm dir eine Challenge vor, in der du eine Woche lang einen bestimmten Aspekt der Nachhaltigkeit praktizierst – zum Beispiel plastikfrei einkaufen, vegetarisch kochen oder den öffentlichen Nahverkehr nutzen.

65

Saisonkalender helfen, schnell zu erkennen, welche Obst- und Gemüsesorten aktuell am klimafreundlichsten sind. Es gibt sie als Poster zum Aufhängen oder online, zum Beispiel unter *www.verbraucherzentrale.de*

66

Woran hakt der nachhaltige Lebensstil bei dir? Ich könnte zum Beispiel noch öfter das Auto stehen lassen und mit Bus & Bahn fahren. Meine Gründe sind Bequemlichkeit und längere Fahrtzeiten. Helfen könnte, mir für einen Monat mal das Deutschlandticket zu besorgen und testweise konsequent das Auto stehenzulassen, um mich besser daran zu gewöhnen.

Wenn du magst, schreib ein paar deiner Hürden auf und was dir weiterhelfen könnte.

WO KÖNNTE ICH WEITER SEIN?	GRÜNDE, AN DENEN ES HAKT	IDEEN, WIE ES GEHEN KÖNNTE

67

In meinem Stadtbezirk gibt es einen Bio-Supermarkt, mehrere Wochenmärkte, mehrere Hofläden, ein Urban-Gardening-Projekt und einen Direktverkauf für Milch und Joghurt. Weißt du, welche Anbieter oder umweltfreundliche Initiativen es in deiner Nähe gibt? Gehe auf Entdeckungstour und finde heraus, welche nachhaltigen Anbieter es bei dir gibt. Wenn du magst, notiere sie gleich hier.

Wir müssen drüber reden: über das Fliegen. Denn in der Jahresbilanz der Treibhausgas-Emissionen ist jeder Flug ein enorm hoher Posten. Bei einem Hin- und Rückflug (8.400 km) von Hamburg nach Teneriffa beispielsweise werden zwei Tonnen CO_2 ausgestoßen.

Zum Vergleich: Für das Heizen fallen im Durchschnitt in Deutschland im gesamten Jahr 2,33 Tonnen an und für die Ernährung 1,58 Tonnen. Fliegen fällt in der Jahresbilanz also ganz schön ins Gewicht.

Wäre die Alternative zum Teneriffa-Flug eine Fahrt zu zweit nach Österreich (1.000 km), würde ein Benziner 100 kg pro Kopf in die Luft pusten, eine Zugfahrt käme nur auf 30 kg.

69

Nachhaltig in den Urlaub?
Eine gute Möglichkeit ist ein Haus- oder Wohnungs-
tausch. Durch die Nutzung bereits vorhandener
Unterkünfte werden Energieverbrauch und die
CO_2-Emissionen verringert. Ein Haustausch lässt sich
privat organisieren – oder über verschiedene
Plattformen: *www.guettoguest.de*, *www.haustauschferien.*
com, *www.homelink.de*

70

Berlin – Brüssel. München – Warschau. Hamburg – Zürich: Bestimmte Strecken innerhalb Europas lassen sich gut per Nachtzug bewältigen. Im Vergleich zu Flug oder Autofahrt fallen weniger CO_2-Emissionen an.

71

Bewegungssensoren für seltener benutzte Räume können in Bürokomplexen, Gemeindehäusern und anderen Gebäuden helfen, Licht nicht unnötig lange brennen zu lassen.

72

Bei der Abwägung über den Kauf eines Kleidungs-stücks kann die Cost-Wear-Ratio helfen: Sie vergleicht den Preis eines Kleidungsstücks mit der Anzahl der Male, die es getragen wird.

Die Billig-Sandalen erscheinen plötzlich gar nicht mehr so günstig, wenn man ausrechnet, wie schnell sie vermutlich aus dem Leim gehen oder aus der Mode sind. Ein hochwertiger klassischer Mantel aus fairer Produktion hingegen, der viele Jahre hält, ist pro Tag gar nicht so teuer.

73

Durch das Unterzeichnen einer Petition kann jeder und jede die eigene Stimme für nachhaltige Anliegen erheben und politisch Verantwortliche dazu ermutigen, Maßnahmen zu ergreifen. Beispiele: Petitionen für den Ausbau erneuerbarer Energien, für die Förderung von nachhaltiger Landwirtschaft oder für die Einführung von Umweltbildung in Schulen.

74

Bürgersprechstunden bieten eine wertvolle Gelegenheit für den direkten Austausch mit politisch Verantwortlichen. Als Bürger und Bürgerinnen können wir über aktuelle Umwelt- und Nachhaltigkeitsprojekte informieren und Ideen zur Lösung drängender Umweltprobleme weitergeben.

75

In England hat das Craftivist-Kollektiv kreative Ideen für sanften Protest entwickelt: Um Aufmerksamkeit für Artenschutz und Klimakrise zu schaffen, haben sie beispielsweise Vögel gebastelt, mit kleinen Botschaften versehen und an öffentlichen Orten wie Parks, Plätzen oder Straßenlaternen aufgehängt. Oder sie haben Lego-Figuren winzige Demoplakate in die Hände gedrückt und kleine Lego-Protest-Szenen an vielbesuchten Orten aufgestellt.

Einige Ideen sind auf der Pinterest-Seite des Craftivist-Collective zu finden.

76

Schon Kinder können für Natur und Nachhaltigkeit begeistert werden: durch Erlebnisse draußen, durch Spiele, Bücher sowie gemeinsame Projekte lässt sich spielerisch und altersgerecht Umweltbewusstsein vermitteln.

77

Versandtaschen, Kartons und Umschläge müssen nicht jedes Mal neu sein, viele lassen sich wiederverwenden. Die Anschaffung passender Etiketten zum Überkleben und Beschriften kann sich lohnen, um die Wiederverwendung möglichst einfach zu machen.

78

Im Allgemeinen sind wiederaufladbare Batterien nachhaltiger als Einwegbatterien, denn sie können im Idealfall bis zu tausend Mal aufgeladen werden, bevor sie ausgetauscht werden müssen. Das spart Müll, Ressourcen und Energie. Und Kosten natürlich auch.

79

Mittlerweile gibt es brauchbare Solar-Ladegeräte für Smartphones und Powerbanks. Die Geräte haben meist unterschiedlich große Panels, die aufgefaltet und in die Sonne gelegt werden. Unterm Strich gilt: Größere Panels liefern mehr Ladeenergie. Wer sie vor allem unterwegs nutzen will, sollte auf Größe und Gewicht achten.

Prallt ein Basketball nach einem misslungenen Korbwurf ab und sichert ein gegnerischer Spieler den Ball, wird das als „Rebound" bezeichnet. Im Bereich der Technologie bezeichnet der Rebound-Effekt das Phänomen, dass effizientere Geräte und Verfahren paradoxerweise einen erhöhten Verbrauch nach sich ziehen können: LED-Lichterketten gelten als so sparsam, dass gern eine zweite oder dritte in den Weihnachtsbaum gehängt wird. Nachhaltigkeitsvorteile werden so wieder zunichtegemacht. Sich diesen psychologischen Effekt klarzumachen kann helfen, ihm entgegenzuwirken und wirklich nachhaltiger zu handeln.

Komm, wir lassen Verschwendung verschwinden!

Berechnungen haben ergeben, dass 99 Prozent aller produzierten Waren innerhalb der ersten 12 Monate nach dem Kauf schon wieder zu Müll werden. Ex und hopp nennt man das wohl. Wie können wir es schaffen, die Verschwendung zu stoppen?

82

Regenwasser zu sammeln, wird immer wichtiger, da die Klimaerhitzung zu längeren Dürreperioden und heftigeren Regenfällen führen wird. Egal ob Schwammstadt, Zisterne oder Regentonne für den Balkon: Wasser in nassen Zeiten für trockene Phasen zu sammeln, hilft dabei, die Bewässerung von Pflanzen zu ermöglichen und das Risiko von Überschwemmungen zu verringern.

Wurmkisten sind kleine Kompostfabriken: In Holz- oder Plastikkisten für Küche oder Schuppen leben verschiedene Arten von Kompostwürmern und verwandeln Biomüll in Wurmkompost. Dieses hervorragende Düngemittel ist deutlich nährstoffhaltiger als herkömmlicher Kompost, zudem fügen die Würmer ihm beim Verdauungsprozess nützliche Bakterien und Mikroorganismen hinzu.

84

Eigentlich wollten die Erfinder des „Bienenautomaten" nur Kaugummispender retten und restaurieren. Aber dann entdeckten sie ihr Herz für Insekten: Jetzt werden die Plastikkugeln im Automaten mit regional angepassten Samenmischungen befüllt – und das schon an fast 400 Standorten. Wer einen passenden Ort für ein handrestauriertes Stück hat, kann für 500,- Euro einen solchen Automaten erwerben *(www.bienenautomat.de).*

85

Tauschschrank oder Givebox

Ein Schrank oder eine Kiste an einem öffentlichen Ort, in die jeder gut erhaltene, ausrangierte Bücher, Spielzeuge oder Kleidung legen kann, ist ein tolles nachhaltiges Projekt, das gleichzeitig die Nachbarschaft stärkt. Regelmäßiges Aufräumen ist allerdings meist notwendig.

86

Viele lohnenswerte Filme und Serien vermitteln Wissen über Schönheit, Krisen und Lösungen auf unserem Planeten. Warum nicht mal Freunde einladen und sich unterhaltsam weiterbilden?

> *„Tomorrow – Die Welt ist voller Lösungen"* (Französischer Dokumentarfilm)
> *„Plastic Planet" von Werner Boote (Österreichischer Dokumentarfilm)*
> *„More than Honey" von Markus Imhoof (Schweizer Dokumentarfilm)*
> *„Unser Planet" von David Attenborough (Achtteilige Doku-Serie)*
> *„The World's Most Dangerous Show" mit Joko Winterscheidt (Amazon-Serie)*
> *„Was die Wissenschaft wirklich weiß" und „Was wir wirklich tun können" mit Mai-Thi Nguyen-Kim (WDR-Dokus)*

87

Win-win

Über 50 Oxfam-Shops gibt es
mittlerweile in Deutschland.
Gespendete Gebrauchtwaren wie
Kleidung, Bücher oder Haushalts-
gegenstände werden hier verkauft
und mit den Erlösen Projekte zur
Armutsbekämpfung weltweit
unterstützt.

88

Viele Altkleider-Container werden von kommerziellen Händlern aufgestellt, bei denen nicht klar ist, was mit der Kleidung geschieht. Besser sind Sammelstellen sozialer Organisationen, denen die Erlöse zugutekommen. Der Dachverband **FairWertung** ist das bundesweite Netzwerk von gemeinnützigen Organisationen, die Altkleider sammeln. Am Logo von FairWertung kann man Sammelcontainer erkennen, die Mitglied sind.

89

Der Verbrauch von Alu- und Frischhaltefolie lässt sich häufig einfach reduzieren:

› *Reste in ausgediente Schraubgläser füllen*
› *Schüsseln mit wiederverwendbaren Bienenwachstüchern abdecken*
› *Lebensmittel wie Brot oder angebrochene Packungen in wiederverwendbaren Silikonbeuteln aufbewahren*

90

Starte mit Freunden einen Wettbewerb.

Wer hat am Ende des Monats den wenigsten Müll?
Wer ist die meisten Kilometer geradelt?
Wer backt die leckersten veganen Muffins?
Wer baut das beste Upcycling-Projekt?

Oder was ist eure Challenge?

91

Torfmoore sind über Jahr-tausende gewachsen und speichern jede Menge Kohlen-stoff. Wird Torf abgebaut, wird CO_2 freigesetzt. Das bedeutet: Unsere Blumenerde sollte keinen Torf enthalten. Mittler-weile gibt es viele torffreie Alternativen zum Beispiel mit Kokos-, Rinden- und Holzfa-sern, Hühnermist und Kompost. Die Blumenerde sollte mit dem Hinweis „torffrei" gekennzeich-net sein (nicht „torfreduziert" oder „torfarm"). Da ihre Fähigkeit, Feuchtigkeit zu speichern, bei torffreien Blumenerden unterschiedlich ist, lohnt es sich, ein bisschen auszuprobieren und nicht zu schnell aufzugeben. Denn Torfabbau ist einfach nicht schöpfungsfreundlich.

92

Viel zu viele Lebensmittel werden
weggeworfen. Bei dir auch?
Wenn du magst, beobachte doch mal
eine Woche lang, woran es liegt.
Was wirfst du weg? Warum?
Was könntest du ändern?

93

Saft von Mostereien aus der Region ist eine nachhaltige Alternative, wenn es mal nicht nur Leitungswasser sein soll. Weniger Transportaufwand bedeutet weniger CO_2-Emissionen. Außerdem werden sie in Mehrwegflaschen angeboten, die den Verpackungsmüll reduzieren. Nicht zu vergessen: Der Kauf von regionalen Produkten stärkt die lokale Wirtschaft und die Verbundenheit mit der Gemeinschaft.

94

Wer vegetarischer kochen möchte, kann natürlich einfach das Fleisch weglassen und alles mit Käse überbacken. Ratsamer ist es, leckere vegetarische Gerichte kochen zu lernen, zum Beispiel mit einem vegetarischen Kochbuch. Am Ende gilt: Millionen Flexitarier, die immer häufiger immer schmackhaftere vegetarische Gerichte kochen können, nützen dem Klima mehr als ein paar hartgesottene Veganer.

Zum Schluss findest
du hier fünf Rezepte
für verschiedene
Bereiche des Alltags.

95

#1 Knuspertaler

Meine liebste Entdeckung
aus der vegetarischen Küche:

*Knuspertaler aus Reis, Käse und Möhren.
Sehr würzig und knusprig!*

150 g Reis in einem Liter Gemüsebrühe 15 Minuten
kochen lassen. Anschließend abgießen. **150 g Käse**
raspeln. **3 Möhren** raspeln. **2 Zwiebeln** fein würfeln.
Reis Möhren und Zwiebeln mit **2 Eiern** verrühren. Den
Käse unterheben. Reichlich pfeffern, salzen und mit
gemischten **Kräutern** würzen. So viele Semmelbrösel
einrühren, dass die Masse formbar wird. Einige
Minuten quellen lassen, zu Talern formen und in
Semmelbröseln wälzen. Margarine oder Öl in der
Pfanne schmelzen lassen und die Taler von beiden
Seiten goldbraun-knusprig braten.

96

#2 Brotchips
Beste Resterampe für trockene Backwaren!

Altbackenes Brot, Laugengebäck oder Baguette in dünne Scheibchen schneiden. Mit **Olivenöl** einpinseln. Pur belassen, salzen oder mit **Kräutern** bestreuen. Bei 160°C hellbraun backen (je nach Ofen ca. 20 Minuten).
Ein knuspriger Snack für jede Gelegenheit!

97

#3 Honigseife

Als Mitbringsel, Weihnachtsgeschenk oder zum Selbernutzen:

2 Stücke Kernseife und **75 g Bienenwachs** klein raspeln und im Wasserbad schmelzen lassen. **50 ml Honig, 50 ml destilliertes Wasser, 50 ml Olivenöl, 40 ml Kokosnussöl** und einige Tropfen **Orangen-Duftöl** dazugeben. Ein Muffinblech mit Frischhaltefolie auslegen, die Seifenmasse hineingießen und aushärten lassen.

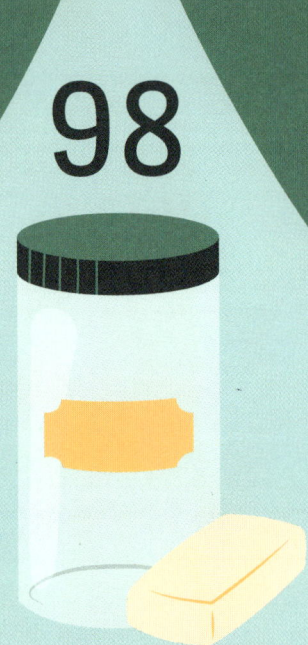

#4 Allzweckreiniger

Kernseife raspeln. Einen Teelöffel Raspel in **250 ml warmem Wasser** auflösen. **1 TL Natron**, ½ **TL Zitronensaft, 4-5 Tropfen Lavendelöl** dazugeben und in eine alte Reinigungsflasche füllen (gut kennzeichnen, damit es niemand versehentlich trinkt!).

99

#5 Waschmittel

2 EL geraspelte Kernseife mit **1 EL Waschsoda**
und **2 EL Natron** vermischen. In ein Schraubglas
füllen und innerhalb von 4 Wochen aufbrauchen.
Für einen Waschgang genügt 1 EL Waschmittel.
Beim Befüllen der Maschine können auch noch
einige Tropfen Duft-Öl dazugegeben werden.
Zusätzlich **1 gestrichener TL Zitronensäure** hilft,
damit weiße Wäsche sauber wird und strahlt.

Wenn du tiefer ins Thema einsteigen willst, möchte ich dir die Zeitschrift andersLEBEN sehr ans Herz legen: Das Magazin rund um Zukunftsfragen, ökologische Themen und gemeinschaftliches Leben stellt Vordenker und Pionierinnen vor und zeigt gelungene Projekte. Aus der Perspektive christlicher Spiritualität lädt es ein, unser Morgen mitzugestalten.

andersLEBEN erscheint vier Mal im Jahr und ist im Abo und in gut sortierten Zeitschriftenkiosks und Buchhandlungen erhältlich.
Infos und Testhefte:
www.andersleben-magazin.net